Inhalt

Branchenreport IT, ELEKTRONIK, TELEKOMMUNIKATION Ausgabe 1/2014

Kernthesen

Beitrag

Zahlen und Fakten

Weiterführende Literatur

Impressum

GENIOS BranchenWissen Nr. 05 vom 05.05.2014

Branchenreport IT, ELEKTRONIK, TELEKOMMUNIKATION Ausgabe 1/2014

Kerstin Werth

Kernthesen

- Die Elektro- und Elektronikindustrie in Deutschland erlebte mit 2013 ein schwaches Jahr.
- Die deutsche ITK-Branche wuchs moderat.
- Der asiatische Elektro- und Elektronikmarkt ist weiter auf Wachstumskurs.

Beitrag

Elektro- und Elektronikindustrie

Auch wenn das Gesamtjahr 2013 noch negativ ausfiel - 2,2 Prozent weniger Umsatz als noch 2012 - so hat die Branche doch Grund zum Optimismus. Denn im Dezember 2013 lag der Auftragseingang aus aller Welt 8,6 Prozent höher als im Dezember 2012, und auch die beiden Vormonate waren deutlich positiver. Bestellungen kamen von überall her: Aus dem Inland (plus 6,9 Prozent), aus dem Ausland (plus zehn Prozent) und selbst aus der Eurozone (7,8 Prozent mehr). Auch Umsatz und Produktion entwickelten sich im Dezember erfreulich. (1)

Wichtigster Absatzmarkt sind noch immer die USA, aber bald könnte es China sein. Dreimal so viele Produkte und Dienstleistungen als noch vor zehn Jahren verkaufte die deutsche Elektrobranche in die Volksrepublik - im Wert von 13,1 Milliarden Euro. In den ersten drei Quartalen 2013 lagen die Exporte in die ganze Welt allerdings unter dem Vorjahreswert, und das gilt auch für das Gesamtjahr (minus ein Prozent auf 158,3 Milliarden Euro). Erst in den letzten drei Monaten des vergangenen Jahres zogen sie wieder an. (2)

Information und

Telekommunikation

In Deutschland wuchs das Geschäft mit IT-Produkten und -Dienstleistungen um moderate 1,5 Prozent auf 74,2 Milliarden Euro und setzte damit einen Trend fort. Getragen wurde dieses Wachstum vom Software-Sektor (plus 4,9 Prozent, 19,1 Milliarden Euro), während mit Hardware 1,4 Prozent weniger Umsatz gemacht wurde (20,7 Milliarden). IT-Services kletterte ein wenig (1,6 Prozent) auf nunmehr 35,3 Milliarden Euro.
Die Telekommunikationsbranche schrumpfte leicht (minus 0,1 Prozent), was an der Sparte TK-Dienste lag (minus 1,8 Prozent, 50,3 Milliarden Euro), während mit Endgeräten fast acht Prozent mehr Umsatz gemacht wurden (9,5 Milliarden) und auch der Bereich Infrastruktur wuchs um 3,1 Prozent (6,2 Milliarden). (3)

Weltmarkt

Bei über 3,5 Billionen lag im vergangenen Jahr das weltweite Marktvolumen der Elektro- und Elektronikindustrie. Das größte Wachstum gab es in Asien, nämlich um sechs Prozent auf über zwei Billionen Euro und einen Marktanteil von 57 Prozent. In Amerika wuchs der Markt um vier Prozent auf 758 Milliarden Euro und 21 Prozent Marktanteil. Europa stagnierte hingegen. (4), [Abb. 1]

Im laufenden Jahr wird der globale Umsatz der ITK-Branche voraussichtlich um 4,5 Prozent auf dann fast drei Billionen Euro steigen. Damit würde die Branche stärker wachsen als die gesamte Weltwirtschaft und Zugpferd bleiben. Besonders der Telekommunikationsmarkt hat rosige Aussichten: fünf Prozent mehr lautet die Prognose, dann wären es 1,74 Billionen Euro. Vor allem die Geschäfte mit TK-Infrastruktur sind sehr aussichtsreich (plus 7,9 Prozent, 462 Milliarden). TK-Dienste könnten um 3,9 Prozent auf 1,28 Billionen Euro wachsen, mobile Datendienste gar um 12,8 Prozent auf 347 Milliarden Euro. Der Umsatz mit IT erwartet Steigerungen um 3,8 Prozent (1,2 Billionen Euro), getragen vor allem von der Softwaresparte. Hardware wird wiederum nur sehr wenig zulegen. Am meisten wachsen werden voraussichtlich die sogenannten BRIC-Staaten (Brasilien, Russland, Indien, China), besonders Indien und China mit zweistelligen Raten. (5), [Abb. 2]

Unternehmen

Elektrounternehmen
Ein Sparprogramm und ein Umbau im Konzern wie auch beim Personal (verbunden mit verrechnet 4 000 weniger Stellen) - das ist der Plan bei **Siemens** für das laufende Geschäftsjahr 2013/14. Zweimal musste

der Konzern sein Gewinnziel im vergangenen Jahr senken, zuletzt lag es bei vier Milliarden Euro und konnte dann noch leicht übertroffen werden. Der Umsatz sank derweil um ein Prozent und lag insgesamt bei 76 Milliarden Euro. (6)

Im letzten Quartal 2013 strich Konkurrent **General Electric (GE)** saftige Gewinne ein, und zwar insbesondere aus dem Industriegeschäft, während im Finanzsektor die Gewinne weiter sanken. Die Überschüsse kletterten um fünf Prozent auf 4,2 Milliarden US-Dollar, der Umsatz stieg um immerhin drei Prozent auf 40,4 Milliarden US-Dollar. (7)
Bei der **ABB** wuchs der Umsatz 2013 um sieben Prozent und lag bei 41,8 Milliarden US-Dollar. Der Gewinn stieg dabei um drei Prozent (2,8 Milliarden). Möglich wurde dies durch Sparmaßnahmen. Der Auftragseingang war rückläufig, insbesondere bei Großprojekten. (8)

Derweil profitiert der niederländische **Philips**-Konzern von seinen Umbaumaßnahmen. 2012 noch im Minus und mit einer Kartellstrafe belegt, lag der Nettogewinn 2013 bei gut 1,2 Milliarden Euro. Gut liefen die Geschäfte mit China, weniger gut die in Europa und Nordamerika. (9)

Telekommunikations-Unternehmen
60 Milliarden Euro Umsatz machte die **Deutsche Telekom** 2013 - mehr als ihre Konkurrenten Vodafone und Telefónica. Nach jahrelangem Ärger

um die Tochter T-Mobile USA war es ausgerechnet das US-Geschäft, mit dem der deutsche Konzern wieder die Marktführerschaft übernahm - nach einer Fusion der Tochter mit der amerikanischen MetroPCS. Der Gewinn lag bei 930 Millionen Euro. (10), (11)

Vodafone durchlebt derweil schwere Zeiten. Im dritten Quartal des Geschäfsjahres 2013/14 sanken die Service-Umsätze um 4,8 Prozent, und ähnlich war es bereits in den zurückliegenden Quartalen. In Europa lag das Minus sogar bei 9,6 Prozent. In den Schwellenländern wuchs es um 5,5 Prozent. Der Konzern kaufte zuletzt Kabel Deutschland, doch auch hier ist der Preiskampf enorm und die Geschäfte schwierig. (12)

IT-Unternehmen
Wie schon 2012 schrumpften die Umsätze bei **IBM** auch 2013. Sie lagen noch bei knapp 100 Milliarden US-Dollar und damit fünf Prozent niedriger als im Vorjahr; die Erträge blieben derweil stabil. Allein mit Hardware machte der Konzern 19 Prozent weniger Umsatz (14,4 Milliarden US-Dollar), aber auch die Servicesparte schwächelte. Stark war allein das Software-Geschäft (plus zwei Prozent, 25,9 Milliarden Dollar). (13)

Oracle steigerte seine Umsätze im dritten Geschäftsquartal um vier Prozent auf nun 9,31 Milliarden US-Dollar, der Gewinn wuchs um zwei

Prozent auf 2,56 Milliarden Dollar. Auch für das vierte Quartal erwartet der Konzern Wachstum. Bisher blieb er hinter seinen eigenen Prognosen zurück. (14)

Microsoft erlebte zuletzt nach eigenen Angaben ein Rekordquartal. 14 Prozent mehr Umsatz (24,5 Milliarden Dollar), dabei drei Prozent mehr Gewinn (knapp acht Milliarden Dollar) meldeten die Redmonder. Am meisten erlöst wurde mit Softwarelizenzen, besonders mit Geschäftskunden. Auch die Hardwaresparte wuchs, allerdings hat sie einen eher geringen Anteil am Gesamtgeschäft. (15)

Beschäftigung

Die Elektrobranche beschäftigte zu Beginn des Jahres etwa 839 000 Mitarbeiter, 0,3 Prozent weniger als im Vorjahr. (16)
In der IT-Branche waren 2013 drei Prozent mehr Menschen beschäftigt als ein Jahr zuvor, fast 700 000. Seit Jahren wächst hier die Zahl der Arbeitnehmer. Im Bereich Hardware gab es erstmals seit 2010 einen Rückgang (minus zwei Prozent). In der Telekommunikationsbranche, insbesondere auch bei der Hardware, schrumpfte die Beschäftigung wie schon in den vorangegangenen Jahren, diesmal um zwei Prozent auf nunmehr etwa 206 000 Personen. (17)

Ausgewählte Teilbereiche

Konsumelektronik
Die Unterhaltungselektronik musste 2013 wieder einen Umsatzrückgang hinnehmen. 2,6 Prozent minus, und das war vor allem der Fernsehsparte geschuldet. Der Umsatz schrumpfte hier um fast ein Fünftel. Dagegen verkauften sich Smartphones und Tablet-Computer blendend und sorgten für mehr als die Hälfte der Gesamterlöse. (18), (19), [Abb. 3]

Mobilfunk
Im Mobilfunk ächzen die Datennetze unter der ungebremst wachsenden Nachfrage nach mobilen Datendiensten. Auch 2014 soll der Umsatz steigen, und zwar voraussichtlich allein in Deutschland um 5,5 Prozent auf 9,6 Milliarden Euro. Der Markt für Mobiltelefonie schrumpft derweil weiter. Seit 2010 ist das Marktvolumen bereits um 3,4 Milliarden Euro zurückgegangen. 2014 wird der Umsatz angesichts stark regulierter Gebühren wohl um weitere sechs Prozent absacken. (20)

Prozessautomation
Zwischen Januar und August 2013 schrumpfte die sich zuvor stetig im Aufwind befindende Prozessautomatisierung leicht um 1,2 Prozent auf 12,6 Milliarden Euro. An das zweite Halbjahr und das Jahr 2014 richtet die Branche größere Erwartungen. (21)

Hausgeräte
In Deutschland werden weiterhin mehr Elektrohausgeräte gekauft. Zum sechsten Mal in Folge stiegen bereits die Umsätze, im Gesamtjahr 2013 um zwei Prozent auf acht Milliarden Euro. Der Export, 2012 noch negativ, wuchs um ein Prozent auf 7,3 Milliarden Euro. Wichtig für die Verbraucher sind Energieeffizienz, Bedienkomfort und Design. (22)

Internet
Zu den zehn nach Börsenwert weltweit größten Internetfirmen gehören inzwischen zwei chinesische und ein japanisches Unternehmen, nämlich Tencent Holding, Baidu und Rakuten (JP). Von den deutschen Firmen steht United Internet auf Platz 20. Darüber hinaus ist die Internetwelt weiterhin im Wesentlichen US-amerikanisch. Den mit Abstand höchsten Wert hatte 2013 Google mit über 254 Milliarden Euro. United Internet dagegen war 5,7 Milliarden Euro wert. Das teuerste europäische Internet-Unternehmen war die französische Illiad mit 9,8 Milliarden Euro Börsenwert. (23), [Abb. 4]

Trends

Bei der **Konsumelektronik** gibt es derzeit keine bahnbrechenden Neuerungen. TV-Geräte werden weiterhin größer, die Bilder schärfer. Seit Anfang 2013 gibt es Ultra-HD mit der vierfachen Bildauflösung wie bei herkömmlichen Geräten. Verbraucherelektronik muss smart sein - Smart TV, Smartphone, Smart Home Entertainment. Für das schlaue TV gibt es immer mehr Apps. Die Gesten- und Sprachsteuerung wird verfeinert. Tablets und Notebooks nähern sich gegenseitig an und werden Convertibles. (24)

Zu den wichtigen Trends in der **IT** zählen Cloud Computing, Mobile Computing, Social Media und Big Data - wie gehabt, nur immer mehr, immer besser. Neu ist das Internet von allem (Internet of Everything, IoE). Laut Peter Sondergaard von Gartner bedeutet dies "eine neue Form der Verknüpfung von physischen und virtuellen Welten". Mobiles Arbeiten, das Management verschiedener mobiler Endgeräte und mobile Apps befördern eine weitere Entwicklung, und zwar für die IT-Architektur. Gartner prägt dafür die Cloud-Client-Architektur, zu der auch die persönliche Cloud gehört, also die vom Nutzer ganz für seine persönlichen Bedürfnisse konfigurierten Cloud-Dienste. Gartner sieht zudem in der Softwaresteuerung der IT-Infrastruktur, gar von ganzen Rechenzentren, einen weiteren Trend. (25)

Zahlen & Fakten

Abbildung 1: Elektrotechnik und Elektronik sind asiatisch

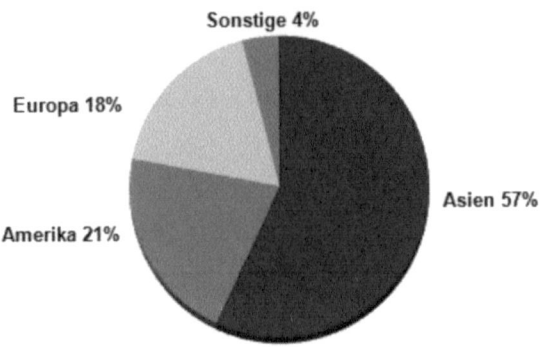

Quelle: ZVEI Entnommen aus: Weltmarkt wächst auf 3,6 Billionen Euro (4)

Abbildung 2: TK und IT wachsen, Laptops und Desktops schwach

ITK-Markt 2014

Sparte	Umsatz in Mrd.	Veränderung in %
TK gesamt	1.740,0	5,0
TK-Infrastruktur	462,0	7,9
TK-Dienste	1.280,0	3,9
IT gesamt	1.200,0	3,8
Software	321,0	6,2

IT-Dienstleistungen	531,0	3,9
IT-Hardware	371,0	1,6
davon:		
Desktop-PCs		-5,7
Laptops		-4,3
Mobile Datendienste	347,0	12,8

Quelle: EITO Entnommen aus: Weltweiter ITK-Markt wächst auf fast 3 Billionen Euro (5)

Abbildung 3: Mehr Umsatz mit Smartphones und Tablets

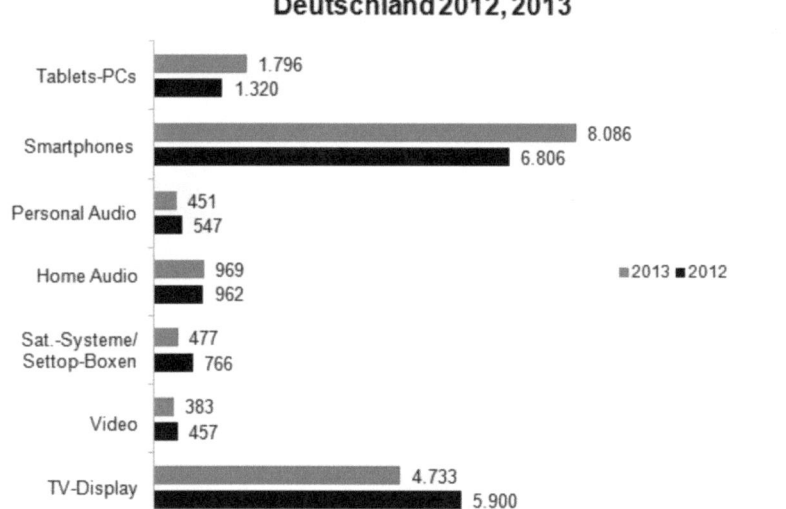

Quelle: gfu, BVT Entnommen aus: Consumer

Electronics Marktindex (CEMIX) 2013 (19)

Abbildung 4: Starke Asiaten

Internet-Unternehmen nach Börsenwert 2013

Rang	Unternehmen	Land	in Milliarden Euro
1	Google	USA	254,1
2	Amazon.com	USA	121,7
3	Facebook	USA	89,7
4	Tencent Holdings	China	74,0
5	eBay	USA	49,8
6	Baidu	China	41,5
7	priceline.com	USA	40,1
8	Yahoo!	USA	25,1
9	Linkedin	USA	19,4
10	Rakuten Inc.	Japan	13,0
20	United Internet AG	Deutschland	5,7

Quelle: Bloomberg Entnommen aus: International: Top-Internet-Unternehmen und Twitter-Nutzer 2010-2013 (23)

Weiterführende Literatur

(1) Elektrofirmen sind voller Optimismus
aus Handelsblatt Nr. 029 vom 11.02.2014 Seite 019

(2) Elektroindustrie erwartet mehr Nachfrage aus China Land soll zum wichtigsten Absatzmarkt aufsteigen
aus Börsen-Zeitung, 04.03.2014, Nummer 43, Seite 11

(3) ITK-Marktzahlen
aus Börsen-Zeitung, 04.03.2014, Nummer 43, Seite 11

(4) Weltmarkt wächst auf 3,6 Billionen Euro
aus Börsen-Zeitung, 04.03.2014, Nummer 43, Seite 11

(5) Weltweiter ITK-Markt wächst auf fast 3 Billionen Euro
aus iX - Magazin für Informationstechnik, 04/2014

(6) Siemens traut sich wieder mehr zu
aus Coburger Tageblatt vom 08.11.2013, S. 7

(7) General Electrics Gewinne steigen kräftig
aus Handelsblatt online vom 17.01.2014

(8) ABB baut Ladestationen für China
aus Frankfurter Allgemeine Zeitung, 14.02.2014, Nr. 38, S. 16

(9) Philips spart sich gesund
aus Frankfurter Allgemeine Zeitung, 29.01.2014, Nr. 24, S. 13

(10) Telekom erzielt wieder Gewinn und Umsatzplus

aus Hamburger Abendblatt online vom 07.03.2014 - 06:52:33

(11) Telekom erobert Thron in Europa
aus Handelsblatt Nr. 047 vom 07.03.2014 Seite 020

(12) Vodafone bricht Umsatz auch mit Kabel Deutschland weg
aus APA-JOURNAL IT Business vom 06.02.2014

(13) IBM wirtschaftet solide, aber wächst nicht mehr
aus Computerwoche, 27.01.2014, Nr. 05

(14) Oracles Kehrtwende lässt auf sich warten
aus Handelsblatt online vom 19.03.2014

(15) Microsoft verzeichnet Rekordquartal
aus c't - Magazin für Computertechnik, 05/2014, S. 49

(16) ZVEI-Konjunkturbarometer
aus c't - Magazin für Computertechnik, 05/2014, S. 49

(17) Erwerbstätige in der ITK-Branche
aus c't - Magazin für Computertechnik, 05/2014, S. 49

(18) Branche schaut in die Röhre
aus Nürnberger Nachrichten vom 21.02.2014, S. 23

(19) Consumer Electronics Marktindex (CEMIX)
aus Nürnberger Nachrichten vom 21.02.2014, S. 23

(20) Mobile Datendienste gefragter denn je
aus Markt & Technik, Heft 12/2014, S. 62

(21) ZVEI Elektrische Automatisierung stagniert, doch 2014 lässt Gutes hoffen
aus MM Nr. 050 vom 09.12.2013

(22) ZVEI Markt für Hausgeräte wächst
aus EP Nr. 007 vom 03.04.2014

(23) International: Top Internet-Unternehmen und Twitter-Nutzer 2010-2013
aus Die Welt, 05.11.2013, S. 15

(24) Die Consumer-Electronic-Trends der IFA 2013
aus Die Welt, 05.11.2013, S. 15

(25) Alles wird digital: Gartner sieht IT-Welt im tiefgreifenden Umbruch
aus VDI NR. 05 VOM 31.01.2014 SEITE 10

Impressum

Branchenreport IT, ELEKTRONIK, TELEKOMMUNIKATION Ausgabe 1/2014

Bibliografische Information der deutschen Nationalbibliothek

Die Deutsche Nationalbibliothek verzeichnet diese Publikation in der deutschen Nationalbibliografie; detaillierte bibliografische Daten sind im Internet über http://dnb.d-nb.de abrufbar.

ISBN: 978-3-7379-5670-3

© 2015 GBI-Genios Deutsche Wirtschaftsdatenbank GmbH, Freischützstraße 96, 81927 München, www.genios.de

Alle Rechte vorbehalten. Dieses Werk ist einschließlich aller seiner Teile – z.B. Texte, Tabellen und Grafiken - urheberrechtlich geschützt. Jede Verwertung außerhalb der Grenzen des Urheberrechtsgesetzes bedarf der vorherigen Zustimmung des Verlags. Dies gilt insbesondere auch für auszugsweise Nachdrucke, fotomechanische

Vervielfältigungen (Fotokopie/Mikroskopie), Übersetzungen, Auswertungen durch Datenbanken oder ähnliche Einrichtungen und die Einspeicherung und Verarbeitung in elektronischen Systemen.